텅빈 허공虛空에 마음心을 담고

함박산 소원사

동환
석대광 (문진열) 대종사

| 第2詩集 |

청옥

이 책을 내면서

어느 듯 속 납이 이순을 넘고 고희를 바라보고 법랍도 강산이 4바퀴 반이 훌쩍 넘은 세월이 순수한 심정으로 글을 대하고 지난 일들을 회억回憶 하며, 부족하고 모자람이 많다.

그래도 항시 출가의 초심을 버리지 않고 부처님의 가르침을 한 번도 떠난 적이 없다.

재반의 도반道伴들이나 동문同文들을 만나면 심기일전의 기회를 가지고 금구성언金口聖言을 놓치지 않았다.

내가 담고 있는 소원사에서 건너 보이는 저 달음산, 매늠산, 산창山窓 부서지는 달빛 별빛을 보며 소납小衲은 자연의 무상함과 오묘한 경지를 가슴속에 담고 산중생활山中生活을 나름대로 음미해 본다.

다람쥐 한마리가 이리저리 눈치를 살피며 나무위로 올라간다.

누가 뭐라 말하는 사람도 없고 겁을 주지 않았음에도 불구하고 저렇게 황급히 움직이는지?

아직 산천경계를 모르고 깨달음 실체를 규명하지 못한 채 또 한 살을 먹었으니 그 우둔함은 업장을 더 넓히는게 아닌지 정말 부끄러운 삶이다.

마치 소를 타고 소를 찾는 경우가 되었으니 말이다.

상송결조 箱松潔操
수월허금 水月虛襟

서리 내린 소나무와 같은 맑은 지조와.

물에 비친 달과 같은 텅 빈 마음.

오늘따라 유난히도 지난 과업과 서문의 문장이 크게 회자되어 온다.

이번 상재하는 하얀[白] 마음[心] 두 번째 발간하는 詩集 이다.

'텅 빈 허공虛空에 마음[心] 담고'

사물의 움직임이 조화 아닌 게 없고 항상 시불詩佛 산승山僧의 가슴을 여미게 하는 무언가가 있기 때문이다.

산승山僧이 첫 번째 낸 詩集에서 분명 詩人이 아니라고 했는데 이렇게 낙서처럼 눈으로 보고 마음으로 느끼는 글이 虛空 속에 모이다 보니 한권의 詩集이 되고 나도 모르게 이제는 어엿한 시인詩人으로 등단도 하고 詩人이 되어 있는 것이 새삼 감회感懷가 느껴지고 이 글이 시詩를 사랑하는 모든 이에게 사랑받는 詩集이 되었으면 바람[風]으로 걸망이든 목탁이든 잠깐이라도 내려놓고 마음껏 달려보자 또 한 번 따뜻한 햇살이 텅 빈 마음에 虛空을 담고 새 生命을 담는 소리가 들려온다.

저 멀리서 들려온다.

함박산 소원사로 들려온다.

을미乙未2015년5월 보름

함박산 소원사에서

詩人 동환 석 대광(문진열) 대종사

목 차

제1부

인연의 씨앗을 찾아서

당신을 위하여

한마음의 꽃이 되고 싶습니다.
한 자루의 촛불이 되고 싶습니다.
한 가닥의 기도를 올리고 싶습니다.

한마음의 등불이 될 수 있다면
어둠의 길인들 따르겠습니다.
고난의 길인들 따르겠습니다.
당신의 길이 나의 영원한 길입니다.

당신을 위할 수 있는 길이라면
시들어가는 한 송이 꽃이라 한들
아름다운 향기를 남기는
영원한 사랑의 인연이 되오리다.

하나의 소중함을 위하여
사랑으로 당신을 따르겠어요.
사랑으로 당신의 등불이 되겠어요.
사랑으로 당신의 넓은 대지가 되겠어요.

봄을 보며 1

소리 없이 들려오는 무한의 에스프리
누가오라 손짓한 적도 없는데
저절로 와 동토에 움을 쏟게 했고
한 소절 詩語처럼 바람으로 일어섰다.

보이는 것 마다
푸른 옷을 갈아입고
조춘早春의 아침을 맞이하였으나
어느 곳에 숨어 있다는 말 대신
몸 한구석만 보여주었다.
버들은 재 몸에 겨워서
선잠도 내려놓은 체
재갈을 물고.

또 다시 세상 인연을 살폈다
저쪽 산마루에 걸린 구름
움직임 없이 그냥 머무는데
객혈하듯 풀어놓은 진달래 군상群像
버린 마음 하나둘 거둬들이고
시냇물 소리
조잘대며 유유히 흘러가고
내속에 잠긴 봄. 봄. 봄.

봄을 보며 2

백목련 오른 자리마다
새 생명의 환희 처럼
삼월의 신부가 내린 양
눈 부시게 눈 부시게
도량道場한 곳에 찾아들었다.

그런데 간밤 꽃샘바람
한줄기 때문에 피지도 못하고
떨어진 목련의 잔해
사방에 널부러져
영혼의 듯 난 몸짓을 보는 것
들녘에 움트는 백초白草
소생과 운명을 안고
산골 물소리와 함께 들렸다

쉬엄쉬엄 찾아오는 마파람
재생의 시간 내어주고
혼자 말없이 기다린지 오래
햇살 따라 운행할 때

저만치서 들려오는 풀피리
너의 넋인 냥!
내 가슴 속에
막 일어서려는 몸짓
지난 일들이 사무쳐 오는 동안
빛바랜 가지마다 새움이 돋았다.

봄을 보며 3

저 진달래가 토해 놓은 붉은 이파리
아직 잔설은 그대로인데
모진 인동의 세월
귓등으로 듣고
홀로 산천을 물들여 놓았네

언제나 기별도 없이 왔다
생명의 봄빛 즐기며
천리 밖 어디 메서
세월을 털고 다시 돌아왔네

푸르게 영근 꽃대 안으로
나비
벌
부르고 어두운 잠속에서도
유독 긴 날을 맞이하였으니
이제 언 땅을 깨우고
보이지 않는 곳마다
새 삶을 열었네

언제나 하면서
솔 수평에서 불어오는 바람이 맞이했다

오!

오!

봄빛이여

봄비 맞이하듯 흔들어서

이 작은 가슴에 내려다오

사랑하는 사람아

사랑하는 사람아
저 언덕 안개 솜 피는 산등으로 가자
우리들의 꿈을 안고 한숨에 가보자
너와나 사랑의 고향으로 한숨에 가보자
둘이는 순결하게 단숨에 만났더니

자!
안개 빛 마음을 둘이는 활짝 열고
뜨겁게 마음을 포개며
기쁨도 아픔도 함께 주고받으며
두 가슴 꽉 잡고 함께 뛰어가자

사랑하는 사람아
그동안 서로를 너무도 많이 아프게 했다
사랑아 우리는 너무나 위험해
서로의 짙은 상처를 치유하며
하나의 마음 되어 노래의 파도 속에
묻어나 보세
사랑하는 사람아!
나의 사랑되려거든 모든 아픔 내려놓고
양 어깨 날개 달고 마음껏 날아라
내 마음 넓은 광야 훨훨 날아라

날으다 지치면 그냥쉬어라!
날으다 지치면 그냥쉬어라.

봄[春] 바람 1

천만리 구름 밖에서
여기 까지 찾아온 봄바람
안 오는 줄 알았는데
용케 이 자양慈養한 땅에 머리박고
이르는 곳마다
가루받이로 몸을 풀었다

여린 새순에도
조잘 대며 흐르는 냇물에도
수분守分 정기精氣 그대로 품고
결코 낯설지 않는 산천을 배경으로
가만히 앉아있는 이 바위
작은 소나무 잔가지
한시도 가만히 있지는 않았다.

바람은 바람으로 와 눕자
내 떠날 채비를 하고
말없이 사라져 버렸다.

문득 귓가에 스치는 한순간
산이 멈춘다
저렇게 떠도는 구름

빈손으로 남아
무명無明의 그날을 위해

몸서리치도록 보고픈 어머님의 초상肖像
그립다 말을 할까 ?
잠시도 머물지 않고
그냥 떠났다.

봄[春] 바람 2

다시는 오지 않을 듯
그렇게 숨어 지내다
어떤 얼굴로
예까지와 심심한 맘만 내려놓고
때로는 동백도 피우고

산골짜기 곳곳이거나
산새 지나는 자리.
양지 한 켠 객혈하듯 만산에 풀어 놓은
진달래!
그게 봄의 전령인 양
내 발밑에 누웠다

누구나 말하지도 않아도
이 예토에 뿌리 내리고
맨 먼저 묵은 가지
움을 내었다

돌아보면 지난 추억들
산색에 묻혀 잠들었고
빛나는 임의 숨결 속에서
바른 하늘을 쳐다본다

저 머물지 않고
떠나는 너에게 묻지 않아도
아늑한 곳에는 쪽빛 달이 떴다.

운명 1

지금의 우스운 내 모양
답답하고 어두운 내 마음
조각 조각난 내 마음
이 마음을 어느 누가 알아주려나

화려한 젊은 날
화려한 나의 청춘아
두툼한 나의 지갑
하얀 나의 구두!
하얀 나의 옷자락
어느 누가 알아주랴

지난날 생각하며
달빛에 머리감고
샘물 가득 받아 놓고
천수에 씻어온
하얀 손!
하얀 마음!
어느 누가 알아주랴!!

길고 긴 기다림이나
말없는 슬픔은

이미 오래전에
흘러가버린 이야기라
할지라도
지난날 배고픈
나의 운명에
눈물조차 잊고
살아가는 나를 향해서
나를 바보라고 할 사람
그 사람은 누구인가?

운명 2

그 옛날의 우스운 내 모양을
그 옛날의 답답한 내 모양을
그 옛날의 조각난 내 모양을
그 옛날의 못난이 내 모양을

이제야 알았네
내모든 나의 운명을
이제야 알았네
내가가는 나의 길을

긴 한숨 돌이켜 숨 한번 쉬어보니
어리석은 나의 마음 이제야 깨달았네
아름다운 내 인생 이제야 깨달았네

버들강아지 1

겨우내 움츠렸던 몸을 풀고
부푼 가슴 내어 보인
버들강아지

수줍음 타는 새 각시처럼
살포시 다가와
보슬한 심장 다보여 주고
아늑하게 떠오르는
아지랑이도 보고
어디에도 살지 않을 것 같은
그믐밤
내 울음 들었는지

한 맺힌 싹을 내었네
그대 허리에 부서지는 햇살 한줌
끝끝내 감추지 않고
세상 밖으로 얼굴을 내밀었네

버들강아지 2

이제는 차가운 밤마다
누구를 부르지 않고
숨을 죽인 채 그대로 서 있으면
봄바람이 와
그대를 안아 주리라

푸른 한 조각의 땅도 주어버리고
벗은 몸으로 서 있다면
그나저나 제역이 삭풍 되어
빈 들을 지켜보겠지

계절 따라 살아가고
꽃가루 풀어
세상을 어지럽게 할 때
버들강아지
살며시 깨어난다

종교를 가지는 이유

사람이 나이가 들면 이제까지 살아온 인생을 돌이켜볼
기회가 잦아지고 세월의 빠름이 실감 하게 되며 나의 노후화 사후의 세계가 궁금해지기 마련이다.
인생이 태어나서 죽을 때까지 종교라도 하나 가지고 살아야 되겠다는 생각이 자주 든다.
믿음(종교)은 인생에 있어서 매우 소중한 것이다.
취미나 오락처럼 또는 물건 고르듯 하나를 선택해야 할 것은 아니다.
믿음(종교)을 가지는 이유는 다음과 같은 생각을 가진다.

1: 종교를 통하여 확고한 마음의 의지처를 얻어서 마음에 안정감을 찾고자 한다.
2: 절대자에 기대어 마음의 안정감을 구하지 말고
3: 종교(믿음)로 하여 내생의 안락을 구한다.
4: 내 인생에 부정을 없애고 긍정으로 만들어 나의 행복은 내가 가진다.
5: 종교(믿음)는 나를 믿게 하고 내가 나를 믿을 수 있어야 이 세상 어느 누구도 나를 믿고 그래야 믿음 속에 믿음을 만들어 갈 수 있다.
6: 종교(믿음)는 나의 과거를 잘 마무리 해주고 현재를 행복으로 하고 미래를 보장 하는 것이 바로 믿음의 이유이다.
7: 믿음은 자유다.
어떤 종교를 가지든 선택권은 자기가 한다.
8: 종교를 잘 선택 하여 삶의 행복을 마음껏 가져라.
9: 종교(믿음)는 나를 탄탄하게 만들어준다.
10: 종교(믿음)속에 참나, 참뜻, 참생명이 있다.

나약한 인생
(믿음으로 나를 본다)

사람은 철학자가 아니라도 누구나 한번쯤 인생이란 무엇인가?
나는 왜 이 세상에 태어났을까?
나는 전생에 무엇이 무엇을 하다 이 세상에 태어 났을까?
나 어릴 때 꿈, 야망, 희망, 언제나 한 아름 안고 이 세상 전부가 내 것인양 하얀 마음 하얀 꿈 하얀 영혼을 싣고, 크나큰 기대에 부풀어 미래에 흠뻑 빠져 마음껏 달려가고 싶었네.
그런데 살다보니 인간이 이렇게 나약한 존재인줄 오늘에야 깨달았네.

나의 나약한 모습.
나약함은 어디서 왔을까?
어디서 온 것이 아니라 처음부터 나의 마음속에 자리를 잡고 있었던 존재였나 봐.
인간은 나약함에서부터 시작이 된다.
인간은 영원하지 못한다.
무한한 능력을 소유하지 못한다.
그래서 우리는 믿음을 가진다.

나는 진정 나약한 존재인가.
아니면 자기 스스로 나약한 존재로 만들어 가는지?
자기 마음의 신념상信念想이 나를 만들어 간다.
믿음(종교)이 없는 자는 초조와 불안 속에
보이지 않는 끝을 잡으려하다 넘어지고 또 넘어 져도

본래를 못 보는 것이 아니라 안 보인다.
인생은 누구나 믿음(종교)이 꼭 필요하다.
믿음 속에는 근원의 진리가 있고 참 인간이 있고 참된 삶이 있어
나의 앞날에 발전의 지표를 세워준다.
믿음(종교)을 가지면 귀의처歸依處가 있어 마지막 나의 인생을
정의正意할 수 있네.
인생의 유한성有限性을 해결하니
어둡던 나의 마음 오늘에야 밝아오네.

봄[春]꽃[花]잔치

담벼락 햇살아래
노란 개나리.
이파리보다 먼저
꽃으로 찾아와
대지를 흔들고.

복숭아 꽃
한 장 설이고
붉은 빛 남기려고
푸른 꽃대 올렸다.

할미꽃 부드러운 속살
내어 보이고
허리 굽혀 떠날 줄 몰랐다.

진달래
혹한 다 물리치고
곳곳에 잔설하나 풀어내었다.

청매화
홍매화
모진 비바람 마다 않고.

그걸 사랑처럼 받아 들였고
오로지 꽃 피우기 위해
산 빛도 물리치지 않았다.

이래저래 봄꽃은 소리
없이 열리는구나…

개나리

삼월과 사월 사이
큰 웃음으로 만물의 꽃들이
이 땅에 올 때.

봄 꽃 보다 더 찬란한 모습
꽃잎에 순정을 주었는지
아무런 내색도 없이
그냥 주저앉아 버렸다.

끝까지 노랑나비가 되어
그게 담벼락이나
무당집 마당이라도
뿌리 속에 묻어둔 꿈에 환생.

봄 빛에 불씨가 되어
노란 색깔만 고집했는지?
천지가 네 빛 이네.

너는 나를 그리며
마음까지 색을 입혔나
세월은 또다시 너를 부여잡고
내년을 기약하지만

앙금처럼 가라앉은 첫새벽의 단꿈
버리지 못하고.
너의 품속에 살고지고
개나리 송이마다 영근 봄볕 속으로
나를 묻는다면
파란 하늘 진노랑으로 물들겠지.

업이란 무엇인가?

우리는 흔히 전생의 業 어쩌구 저쩌구 합니다.
업業이란? 말은 범어로(KaRMa)라고 하는데 몸[身]과 입[口]과
뜻[意] 으로 짓는 선악善惡의 소행을 말합니다.
병은 과거의 업으로부터 온다 했습니다.
그러나 그 과거가 너무나도 멀기에 어느 때, 어떤 업에 의하여 오는지 알 수 없으나, 과거의 업에 의하여 병이 온다는 것은
분명합니다.
이를테면 전생에서 부모님께 불효했기 때문에 올 수도 있고.
불쌍한 사람에게 밥 한 끼 주지 않은 데서 올 수도 있으며 부처님을 비방하고 스님을 비방하고 경전을 비방했기 때문에 올 수도 있습니다.
내가 지금 몸이 아파도 왜 몸이 아픈지도 모릅니다.
전생에 업에 따라 몸이 아프고 병도 생기는 것이거늘 그것도 모르고 자꾸만 약을 복용합니다.
아무리 작은 병이라도 전생의 업에 따라 병이 옴을 모르기
때문에 약을 먹고 병원을 찾기도 합니다.
업이다 하면 자연적으로 병이 나을 건데 그 업을 한시라도
빨리 소멸시키기 위하여 별별 수단을 다 동원 합니다.
그래서 병이 나면 우선 병원에 가서 진단을 하고 처방을 받고 병이 낳을 때 까지 전생 이생 업장소멸 기도를 함께하면 약의 효험이 빠르고 재발이나 다른 병이 오지 않을 것이고 업장소멸을 많이 하면 면역성이 강해서 병에 걸리지 않을 것이다.
사람은 타고난 저마다의 업을 무시하고 설마 하는 마음에서
약에만 의지하면 결국에는 업이 또 업을 낳게 된다.

적막강산아

적막이 무섭구나!
적막사이로 길이보이네
그 길이 무섭구나!
길을 만드는 사람들이 지나간다.
그들도 무섭구나!
적막강산아

그들이 걸어간다.
끝없는 그 길을

어둡구나!
그 길이 어둡구나
적막강산아!

가거라! 어서 가거라 아주 멀리
어두운 나의 그림자 속에 묻어 저 가는
적막강산아!

들꽃도 그가 있어야 할 곳을 알듯이
흐르는 냇물과 들꽃의 가는 길
구르면서 길을 찾는 나의 적막강산아.

공주 빛 진달래

공주 빛 진달래 너를
그리듯이
만산에 푸른 물감을 풀어
더 큰 웃음으로
빈자리 채워 남김없이 주고 싶었다

그것이 세월의 봄이 되고
어두語頭가 되어
저 푸른 기운 품고
영원의 이름으로 살고 싶어서
타 들어 가는 마음 어쩌란 말인가?

여름 오기 전에 너를 붙들고
가슴을 더듬어 본다

웅얼대는 봄바람도 뒤로 하고
관음보살이 내린 그 자리
숱한 애환과 삶의 생채까지 닮아
공주 빛 진달래 너에게 보낸다

해매 도는 춘사椿事마다
웃음이 찾아온다

다디단 단꿈 꾸지도 못하고
한밤 내 고통의 잠

부여잡고 낮은 자세로 임했고
자꾸만 생각나는 당신의 모습
한발의 바람 속에서 눕고 싶네요.

우리 안에 피는 꽃[花]

이제는 아무도 없다.
앞을 봐도 뒤를 보아도
아무도 없다

나는 수계受戒의 우리 안에서
발버둥치고 있다.
누구를 위해서 아무도 위해서도
아니다

이 모두가 죽기 싫은 나의 발버둥이다.
수계受戒의 우리 안에서
우리 안에서도 꽃은 피는구나?
아주 곱고 고운 꽃이 피는구나?

마음껏 피는구나 경계警戒잡고
피는구나 아주 많이 피는구나
가져간다
한사람 또 한사람
사람마다 가져간다
꺾지 않고 가져간다

흰 꽃 붉은 꽃 노란 꽃 푸른 꽃
누가 피웠을까?
이 많은 꽃들을
자세히 보니
우리 안에 피는 꽃이
법문 따라
피는 꽃을 나는 보았노라
분명히 보았노라

깨달음의 힘으로
나는 보았노라!
자비 성불의 힘으로 보았노라!
우리 안에 피는 꽃들이여!!

당신의 이름 사랑

나는 불러본다
그때 그 이름
그때 그 이름
쓰고 또 쓰고
아무리 써도 실증은 없다.
그대 이름 옆에 내 이름도 써본다

그대 이름과 내 이름을 묶어본다
내 마음 속에 그 이름을 묻어본다

아주 꼭꼭 묻어본다.
아무도 모르게 묻어본다.

마음이 움직일 때 마다
나는 우리 사랑을 이름으로
불러본다 아무도 모르게
내 영혼 전부다 불어 넣고

불러본다 사랑한다
그때 그 이름아!
육신을 던져 내 힘껏 불러 본다
내 모든 것 다 바쳐 불러본다
사랑한다.
사탕 같은 그때 그 이름아.

민들레

하얗게 혹은 노랗게
귀 울음으로 돋은 꽃대
빈자리에 뿌리 내린 채
눈 감아도 그 자리

귀 막아도 그 음성 그대로
들녘이나 뜰 안에 이르는 곳
그림자만 남아!
푸르디푸른 꿈은 솟아 내고
땡볕에 놓이듯

광풍이 와도
끄떡없이 그 자리 앉아
세상 물정 다 이겨내고

공 같은 홑씨
흰 얼굴로 숨어서
세상 밖으로 내돈다

때론 산 메아리 되어
정감어린 음성도 주어버리고
산 아래 목을 놓고
와글대는 세상사 뒤로 한 채
오르지 제 몸 하나

희생양으로 삼고
낮게 엎드려 살았다네!

산사山寺 가는 길[路] 1

풍경소리 낮게 들릴 때
후원에서 피어오르는 연기
시방 세계를 잠재우듯
내 삶은 멈추지 않았다

땡 그랑 땡 그랑!
한번도 쉬지 않고
있는 그대로 보여주고
사무쳐 내리는 어둠은 어쩌란 말인가?

다람쥐는 하도 빨라서
법륜法輪의 바퀴 굴리듯
그 자리에 맴돌고

죽살이 환유 인생의 달빛
그 아래에서 어두語頭를 들면
대나무 스치는 바람과
애옥의 정까지 죄다 내려와
사천왕 눈알에 빠졌다

푸른 산 기운
다 미치지 못해도

불조佛祖의 거룩한 금구金口
새겨들으려고.

산길山路을 낸다.

오!
저마다 다른 인생人生
무지갯빛으로 살고파라.

산사山寺 가는 길[路] 2

때가 되면 어김없이
옷을 갈아입는 산천山川
봄. 여름. 가을. 겨울.
제철만 돌아오면
누가 시키지 않아도
스스로 해결한다.

해탈교解脫橋에 이르자
찬 물보라 일으키며
막다른 곳을 향해 내려가는
시냇물!
저게 흘러 흘러
바다에 닿아
숨소리 하나까지 참으며
유수流水를 보듯
그렇게 흘러간다.

찰나의 순간이라도 좋고.
무명無明의 바람[風]이라도
미움. 사랑. 원망.
다!
내려놓고

아무런 미동 없이 살아도
이게 당신의 사랑 인 냥 받아들여
한 아름 안고 길 없는 길을 찾아
산사로 간다

어느 쪽이든 길 없는 길을 내어주고
지난일 되돌아보는
장악長樂의 길이 되네.

산사山寺 가는 길[路] 3

쇠[鍾]소리!
북 소리!
법고!
운판!
내 속에 잠듦까지 슬픔까지 깨워
수 겁 내린
열악悅樂을 찾게 하고
마모된 석불石佛 앞
합장하고 서면
봄바람 인지 소소한 가을 빛 인지
나에게 엄습한다

때 이른 코스모스도 피웠고
산국화山菊花는 흐드러지게
산사 가는 길옆으로 자라서
세상사 아는지 모르는지
홀로 피었다 진다

냇물 흐르는 소리
그 소리 하나까지
내 몸에 담고
불성佛性을 본다.

때로는 삶의 부호를 새기고
염화시중미소拈華示衆微笑
를 생각한다

오는 것도 없고.
가는 것도 없는데
머 그렇게 사노!

구름과 함께 따라 나서는
비움의 산길
산사 가는 길이
어디 메 쯤 있는가?

보고 싶다 울 엄마야 1

내 나이 이순이 지나
고희를 바라보건만
보고 싶다 울 엄마야!
어린애처럼 보고 싶다
울 엄마야!

그 옛날이 생각난다
자꾸자꾸 생각난다
그 옛날에 울 엄마!
천년만년 같이 살줄 알았던 울 엄마야!
떠날 때 내 가슴에 쓰라린 아픔만 남겨놓고
가는 길도 없이 가버린 울 엄마야!

어디만치 갔을까?
울 엄마 가는 길 하루에도
천만번 따라 가고 싶건만
그 길이 어디던고 찾고 또 찾아도
보이지 않네
울 엄마야!

꿈에라도 한 번쯤 그 길을 알려나 주소
울 엄마야!

울 엄마 있는 곳이 얼마나 좋기에
소식 한번 주지 않는 야속한
울 엄마야!
그래도 보고 싶다
울 엄마야!

보고 싶다 울 엄마야 2

울 엄마 뱃속에 날 담았을 때
조심 또 조심 설계를 한다
만들어본다 자다가도 입은 벙긋
미소 짓든 울 엄마야

그 아픔 고통 속에 날 낳아놓고
입은 벙긋 웃음 짓든 울 엄마야
자라는 내 모습에 하루에도 거짓말을
하고 또 하던 울 엄마야!

이 세상 그 무엇과도
바꿀 수 없는 울 엄마야
날 쳐다보면 배부르다 하던
울 엄마야!

나 그 엄마 위해 열심히 또 열심히
일하고 노력하고 출세 하면서
조금만 기다려라 울 엄마야
당부하고 또 당부했건만

야속하게 내 출세 기다려주지 않고
떠나간 울 엄마야 보고 싶다

울 엄마야 눈물이 난다 울 엄마야!

새끼들 볼까? 감추고 또 감추었건만
눈물이 난다
보고 싶다
울 엄마야 보고 싶다
울 엄마야!

이 세상 모두가 사랑이더라!

가도 가도 세상은 눈물겹도록
사랑이더라.
내가 이 세상에 마음껏 살아 갈 수 있게
해주니 눈물겹도록 사랑이더라

봄에 피는 온갖 꽃들이 만사람 마음 설레게
해주니 눈물겹도록 사랑이더라

한여름 가뭄 날에 쏟아지는 한줄기 소낙비가
마냥 눈물겹도록 사랑이더라

온갖 산천초목을 울긋불긋 물들이고 온갖
남자들 마음 들뜨게 하는 가을 단풍잎이
눈물겹도록 사랑이더라

겨울에 곱게 가슴에 쌓인 눈꽃처럼 온갖 앞뒤들
산에 새하얗게 물들인 겨울 눈꽃이
눈물겹도록 사랑이더라

돌이켜보면 지나간 모든 나의 친구들이
눈물겹도록 사랑이더라

돌이켜보면 지나간 모든 나의 스승님들이
눈물겹도록 사랑이더라!

돌이켜보면 지나간 나의 가족들이
눈물겹도록 사랑이더라!

내가 살아가는 이 세상 모두가
눈물겹도록 사랑이더라!

돌아보면 모두가 사랑이더라

가도 가도 세상은 눈부시도록
아름답기만 하더라!

가도 가도 세상은 눈물겹도록
사랑스럽기만 하더라

돌아보면 모두가 사랑이더라
돌아보면 모두가 그리움이더라

나를 미워하던 사람도 세월 지나니
사랑으로 남더라!

이제 오해의 돌팔매도
사랑으로 맞을 수 있더라

이 아름다운 세상을 살아갈 수 있는 것이
행복하기만 하더라

삶의 길을 걷다가 만나는 모든 것들이
사랑스럽기만 하더라

사랑의 길에서 만나던 모든 것들이
사랑스럽기만 하더라

지난날 돌아보니 모두가
내 잘못 이더라
지난날 돌아보니 모두가
내 욕심이더라
지난날 돌아보니 모두가
내 허물 뿐이더라!

내가 진실로 낮아지고
내가 욕심을 온전히 버리니
세상에 사랑 못할게 용서 못할게
아무것도 없더라!

가도 가도 세상은 눈부시도록
아름답기만 하더라
가도 가도 세상은 눈물겹도록
사랑스럽기만 하더라!

마음[心]

크게 흔들리고 있다
조금 흔들리고 있다
아주 많이 흔들리고 있다
작게 흔들리고 있다

작은 촛불이 심지 채 흔들리고 있다
어디에선가 바람이 드나들고 있나보다
처음에는 아주 미세한 바람부터
드나들고 있나보다

심지가 점점 작아지고
불꽃이 키를 점점 낮추고 있다
빛을 심하게 잃어 가고 있다
혼돈의 내 마음속으로 몰아가고 있다

갑자기 진한 커피 향이 그립다
갑자기 진한 한 잔의 소주가 그립다
내 안에서 한 잔의 커피 향처럼
내 안에서 한 잔의 소주 향처럼

사랑의 몸짓이 한층 커진다
창문을 닫고

촛불의 떨림을 가만히 잠재워

홀로 깨여있는 공간에서 촛불을 감싸듯
마음에 울타리를 가만히 허공부터
쌓아가고 있다
흔들리는 내 마음을.

새벽 예불 1

아금 청정수 我今 淸淨水
변위 감로다 變爲 甘露茶
봉헌 삼보전 奉獻 三寶前
원수 애납수 願垂 哀納受
원수 애납수 願垂 哀納受
원수 자비 애납수 願垂 慈悲 哀納受
촛불이 우는 법당法堂
다계가 울려 퍼지는 가운데
사무친 내 인생의 잔가지를 꺾으면
마지막 남은 불씨 하나까지
세상을 향해 달려간다.

삼존불의 위용
사계절 변화에도 아랑곳없이
春.夏.秋.冬 다 지나갈 때에도
부질없는 인생人生사
모두 세월에 날려 보내고
자연에 아름다움과 변하지 않는 불심佛心
그것 하나로 수자守者로 살았으니

삼천 대천 세계 내 곁에 눕고
목탁 소리 끊어진 적막한 山寺

새벽 예불 2

이산해연선사의발원문
"저희들의 참된 성품
 등지옵고 무명 속에
 뛰어들어 나고 죽는
 물결 따라 빛과 소리
 물이 들고……"

그야말로 청음淸音이다
공안公案 보다 더 큰메아리로
아직 숨 돌리지 못한 채
겉돌고 있는 것은 아닌지
속으로 합장하며 빌었다

중생의 아픔이
곧 내 아픔이라고 말한 유마거사
허물 많은 제 몸의 무게만큼
내려놓고 싶은데
막 아침예불 끝내고
조공朝供을 든다

이 밥은 어디서 왔으며
구구절절 옳은 말을 새긴다

사불산승寺佛山僧에게 먹물 옷
바람의 잔물결도
당신의 정한 품에 안겨주고 싶었다.
“모진질병 돌 적에는
 약풀 되어 치료하고
 흉년드는 세상에는
 쌀이 되어 구제하되
 여중생 이익한일
 한가진들 빼오리까……” 구구절절
가슴에 와 닿는 문장
저 촛대에 이우는 꽃잎같이
층층이 불을 켜 가고.

광명光明이 천지天地를 만들어
고요보다 더한 눈부신 햇무리로
눈을 떠 한세상 비추리라 염원 한다.

제2부

허공 속에 피는 꽃들

흰 국화를 보며

길 없는 길을 걷는다.
나 홀로 걷는다.
길가에 모양 없이 핀 들국화
하얀 들국화야

언제 봐도 너는 그 옛날
말없이 떠나버린 하얀 그 얼굴에
그 임 생각이 난다
들국화야 너만 보면 생각난다
눈을 감아도 임 모습 생각난다
귀를 막아도 임 음성 들려온다

그냥 그대로 남아
계절 따라 내 주변을 서성인다
순백의 그림자 위에

별 나비 제 집 드나 들 듯
분주히 오가고 다닐 때
한 송이 흰 국화가!
내 마음을 머물게 하네
얄미운 하얀 들국화야……

가을[秋] 풍광風光 1
(어머니)

어머니
내 생에 사무친 죄 등에 하고
마지막 남은 잔가지
산 아래 묻고 있습니다

말하지 않아도 올 줄 알고
산 빛은 하루가 다르게
퇴색되어 가는 오후의 어둠처럼
숨을 죽여 제 푸른 치맛자락을 가리고
어찌하다 지나는 바람을 잡으며
제 낯은 이내 파랗게 질렸습니다

어머니
이제는 당신의 정한가슴
내 속에 누이고
먼 훗날
허물 많은 심사 벗어 놓을 양
높게 떠 있습니다
세월의 무늬를 짜듯
고추잠자리 휑하니 저 언덕으로 갔습니다
이때 햇살 하나가 졸고
황금들판 참새 떼가 와글대었지만
한 번도 나무라지 않았습니다
어머니 어머니도 그러하셨지요.

가을[秋] 풍광風光 2
(억새풀)

억새풀은 왕관을 선채
갈바람에 나부낄 때
자신을 온전히 가리어 주는 햇살과
나뭇가지 천천히 옷을 벗고
속으로 감추듯 제 허물 내려놓았다

길가
코스모스
냇물
한동안 잠잠하게 미동도 없이
사랑의 잔물결로
온 뜰을 덮고 있다

지난밤
서리에 색 바랜 황국
하늘에 물어보고 싶은 충동
어쩌지 못하고
징그러운 여름 한나절을 기억했다
그러나 저 홀로 와
머물러야 하는 기억
눈물어린 눈으로 가리고
감나무에 달린 홍시 까치밥이라!
그냥 쳐다볼 뿐이로다.

가을[秋] 풍광風光 3
(고추)

고추가 태양열에 붉게 붉게 익어가고
저 낙동강 은빛 찬란한 물결
갈대 이파리 하나
사라져간 것들을 위하여
제 목숨 바치는 일이다

높은 하늘
꿈 많은 소녀처럼
수줍은 듯 수줍은 듯

지지난 여름밤을 대내여 보았고
사그러져 재만 남을 인생살이
누굴 보려 애달프다 말을 하리.

가을[秋] 풍광風光 4
(산국山菊)

묵은 사진을 보듯
아홉 마디에 남은 생명의 불씨
깊어만 갔다

그대가 남기고 간 무심한 세월
그냥 단풍으로 남는다면
마지막 남은 이파리나 감하나
그림자에게 주어버리고
석류에 박힌

수정 같은 진주를 뽑아
그대 창가에 매달아
매일 매일 보이는 것
옥수수는 허리 감긴 채
선반 밑에 매달려 있네.

가을[秋] 풍광風光 5
(고독 1)

먼 수평선을 바라보던
나의 맑은 눈빛은
먼 산을 바라보던 나의 맑은 눈빛은
지나온 나의 발길을 생각 없이 생각에
젖어있는 나의 마음은
고독이 흐른다
아주 많이 흐른다

고독에 젖어든다 아주 많이 젖어 든다
단 하나의 미소나 움직임 없이 젖어 든다
고독에 젖어 든다. 아주 외로운 고독에 젖어들고 만다

잠시 후 바라보던 너의 눈 속에
슬픔이 자리해있다. 슬슬한 슬픔이
무엇이 너를 그렇게도 슬프게 하였었나
이 외로운 고독아!

나는 너를 위해 무언가를 해주고 싶었다
그러나 무엇을 해야 할지 알 수가 없었다
그래서 나도 어찌 할 바 모르고
고독에 처해 있었다
외로운 고독아!

너의 표정 속에 보았다
너의 외로움 보았다
외로움 속에 너의 고독을
어쩌면 너의 가면 찍은 그 얼굴이
고독의 씨앗인줄 미처 몰랐구나!
외로운 고독아 외로운 고독아!

가을[秋] 풍광風光 6
(고독 2)

마음이 아른 거린다 모양도 없이
촛불이 아른아른 피어오르듯
너의 슬픈 얼굴이 고독을 머금고
살며시 내 마음에 피어오른다

웃음 한번 지나가지 않은 고독한
얼굴위로 따스한 햇살이 살포시
내려앉는다

햇살에 못 이겨 너의 고독이 저만치
물러앉는다

싸늘한 바람 한조각 하얀 연기를 남기고
촛불은 어둠을 불렀다
그리고 고독을 불렀다

너의 슬픔이 사라 져야 고독도 떠나간다
눈물이 방울방울 두 뺨 위로 흘러내린다
눈물방울이 이슬이 된다 고독이 된다

눈물방울이 비가 된다 하얀 고독이 된다
너와나의 슬픈 고독이여 이제는 떠나가라
아주멀리 떠나가라 나의 고독이여!

가을[秋] 산사山寺 1

천왕문 들어서면
사천왕 눈알
금방이라도 튀어 나올 듯
그 다음 불이문不二門의 주련
“이문에 들어오는 그대여
 알음알이
 내지말지니
 밝음이 있으매
 어두움이 없나니
 예부터 그렇게 되어 졌거늘!
 비로소 빈 하늘을 본다.”

대웅전 삼존불
촛대에 이우는 불빛처럼 눈부신 햇살
그대로 받아들여
묵언 삼배默言 三拜 올린다.

저 부처님의 미소
별처럼 흐를 때
무서리 깊은 골을 타고
시방 세계에
빛을 큰 빛을 나투셨다.
거룩한 임이여!
거룩한 임이여!

가을[秋] 산사山寺 2

김장하는 손짓이 분주하고
무청은 시래기로
굴비 엮듯
그늘에 말린다

단감은 붉게 익어 가는데
임이 남기고 간
금구金口를 놓치지 않으려고
무진 애를 쓴다

지난날의 금강도 다시보고
짧은 가을비에 젖은 옷도 말리고
가을 강의 푸른 기운 보려
내 몸을 그곳에 누인다

이내 풀잎처럼 쓸어 지는 빗방울
어리디
어린 잔별 까지 내린다

귀뚜라미는 저리도 처량하게 우는데
객승客僧은 오지 않고
삼경三更 알리는 죽비소리

가슴에 담긴다

코스모스
구절초
비비 새의 울음처럼
삼층 석탑에 남아
다른 하늘을 본다.

가을[秋] 산사山寺 3

저 고요히 흐르는 별빛같이
불 꺼진 방房
난향蘭香
차향茶香이 어울려
빈 방에 잠겨
한갓 떠돌이로 살아도
임의 가슴속
얼마나 헤매 인지
아무도 모른다.

관음전觀音殿

촛불 꺼지지 않은 채
목탁소리와 용맹정진
끊이지 않았다

새벽예불 알리는 도량석道場釋
종소리 산사는 비로소 깨어난다
가부좌 한자리
업장業障 내려놓고
허공虛空을 살피자

기러기 떼 다른 생을 보려
산색山色을 바꾼다
이제 동안거冬安居는 시작되고…

외로움

비가 내린다
내 마음에 비가
내가 가는 길에 비가 내린다.
아주 많이 내린다
큰비가 내린다
그칠 줄 모르는 빗줄기 속에
나는 가야한다

기약도 없이 비를 맞으며 나는 가야한다
이 세상 온통 적시고 나는 가야한다
풍경소리 조용하게 흐르는 적막강산에서
길 없는 길로 나는 가야한다

빗소리가 아침잠 깨우는 새벽을 잠깐
잊게 해준다
어젯밤부터 아프던 나의 몸이 새벽이 되어도
낫지를 않고 나를 울린다
외로움도 함께 나를 울린다

아무도 대신 아파주지 않으며
그 쓸쓸한 외로움도 나 혼자 감수 해야 한다
아픔의 고통을 이겨내지 못하면 지금의

나를 너무나 초라하게 만든다

외로움이여!
이제는 더 이상 초라하지 않을 것이다
싸워라 싸워서 이겨야 한다
그리고 외로움과 초라한 나의모양은
여기서 끝을 내거라 그리고 말없이
웃음을 지어 보이리라.

단풍丹楓 1

제 몸 하나 추스르지 못하고
홀로선 이파리들의 반란
저 홀로 왔다가

저 홀로 떠돌다 가는 산 빛처럼
눈물어린 눈물로 보다
새 세상 꿈꾸는 잠 덧으로
모두 놓아 버리고

오로지 내년을 기약하며
변색하고 살아야 한다
이제 오래 머물지 못하고
이냥 떠나야할 운명!

단풍丹楓 2

눈을 가린 후
다시 떠오르게 하는 별빛처럼
묵은 업장 내려놓듯
생명을 일으키고
흔적 없는 삶으로 이어가는
또 하나의 미래
내일 아침이면 다시 녹아질
서리!

겹겹이 쌓인 이파리 사이
서릿발을 만들었으니
오 빛의 다리로
마지막 바람에도 흔들리지 않는
힘이나 주시게!

단풍은 떨어져 뒹굴고

서릿발 선 자리
한 몸 가누지 못하고
저 흥 엽으로 뒤엉킨 만산滿山속
어디에 머물지 않고
단풍은 떨어져 뒹굴고
또 바람에 날렸다

마른하늘 쳐다 보자
더딘 겨울
바위 틈새 반쯤 얼어서
잎보다 먼저 라목裸木 내어놓고
내년에 다시 올 봄을 위한 몸짓인가?
사람보다 오히려 더한 심지로
세상의 아침을 맞이했다

십리 밖의 세월도 모르는데
당장 앞을 어떻게 알리!
그러나 단풍 바람결에 제 몸 맡긴 채
내 사랑 한나절도 그렇게 저물었다

이리 저리 퇴색된 몸을 이끌고
기웃거려 보지만
누구하나 거들떠보지 않았다

이제 오금 박힌 무릎으로
어둠은 깊어 가는데
시든 잎은 뒷전으로 밀려가는구나

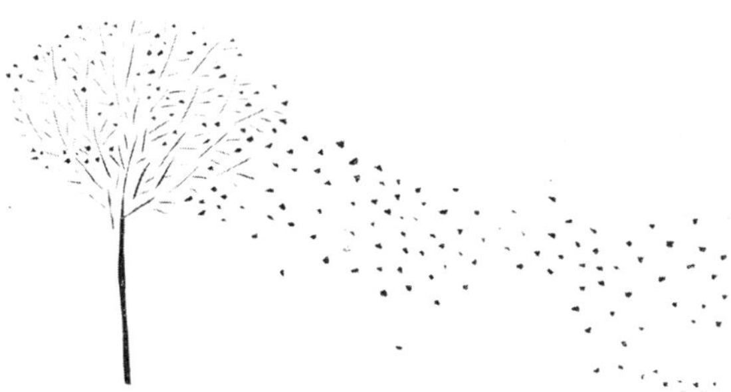

양심

이 세상 모든 것 주고받고
사고팔고 가지고 버리고 다해도
양심만은 마음속깊이 그냥 꽁꽁 가져라
모든 것 다 변해도 양심만은 변하지 말거라

양심의 부족한 자리에 맑은 것만 채워라
양심의 부족한 자리에 좋은 것만 채워라
양심의 부족한 자리에 참뜻만 채워라
양심의 부족한 자리에 바른 것만 채워라

양심의 부족한 자리에 더러운 것은 버려라
양심의 부족한 자리에 어두운 것은 버려라
양심의 부족한 자리에 못난 것은 버려라
양심의 부족한 자리에 거짓은 버려라

내 양심에 좋은 것들만 채워라
나쁜 것들이 들어가 있으면
수많은 악업과 악한 일을 하게 된다
양심이 얼마나 중요하다는 것을 알아야 한다

산사山寺의 나무들

끝자락 감추려는 늦가을 지나가고
새하얀 흰 구름에 백옥白玉같은 첫눈개비
외로운 풍경 소리 물들이지 못하는
산사山寺에 나무들아.

봄[春]이 오면 온 만물을 싹트게 하고.
여름[夏]이 오면 온 山川草木을 푸르게 물들이고
가을[秋]이 오면 온 山川草木을 울긋불긋 물들이고
계절 따라 마음대로 갈아입는 옷들
힘[力] 잊고 억센 산사에 나무들아!

첫눈개비 못 이겨 모두가 하나 같이.
새 하얀 옷 갈아입고 백옥에 춤을 추듯
아주 작은 바람에도 흰 꽃[雪花] 내 피우며
하얀 웃음 미소 짓는 山寺에 나무들아!
법문法問소리 벗을 삼고.
불경佛經소리 道伴 삼아.
사대천왕四大天王 내가 되어.
山寺를 지켜주네 山寺에 나무들.

결혼結婚

우리는 만났다.
두나가 하나 되어 앞날을 기약하면서
돈 벌고 새끼 놓고 꿈속으로 빠져 든다
아름다운 꿈속으로 하나 되어 빠져 든다

우리는 만났다.
나는 너를 위하고 너는 나를 위하고
둘이는 하나 되어 달려간다
저 넓은 대지 속으로
꿈을 안고 빠져 든다
꿈속으로 아주 깊은 꿈속으로

우리는 만났다
한 폭의 지도위에 그림을 그린다
한 폭의 그림을 처음에서 끝까지
그린다.
먼 훗날의!
우리들을 꿈속에서 그린다

우리는 만났다
꿈속에서 만났다
그리고 설계한다

돈 벌고 출세하고 온갖 권력 다 쥐어보고
요조숙녀 다 되어 보고 그 얼마나 좋은 결혼
결혼은 그 모두가 꿈이지 현실은 아니더라
꿈을 안고 하는 결혼 깨지 말고 천년만년
꿈속에서 살아가면 얼마나 좋을꼬?
결혼 꿈 깨고 나니 그 모두가 업보일세.

소원사 돌계단

소원사 돌계단은 오고 가는 인사인가?
소원사 돌계단은 가랑 잎 뒹구는 계단인가?
소원사 돌계단은 업장 닦는 돌계단인가?
소원사 돌계단은 기도로 가는 길목인가?

소원사 돌계단을 밟으며 나는 보았다.
아주 맑은 부전스님 염불 소리
주인은 누구인가 주인 없는 산사에도
불경은 흘러간다
아주깊이 내 마음으로
불경은 파고든다

소원사 돌계단 산신당으로 가는 길인가?
소원사 돌계단 영지 못 으로 가는 길인가?
가고 또 가도 또 가고 싶은 계단
福이 온다 또 복福이 온다
소원사 돌계단

부처님이 부른다 자꾸 부른다
소원 사 돌 계단으로 자꾸 부른다
오르면 편안하다 아주 편안하다
복福 온다
아주 많은 복福이 온다

쓸쓸한 人生

인생이란 처음부터 쓸쓸하게 혼자 왔다
계절 따라 변한다
쓸쓸하게 변한다
그대도 떠난다
그리고 나도 떠난다

그대는 떠나는데 나만 마냥 머물 소냐!
약속한 세월아 제발 나만은 그냥 두고
너만 떠나라 나는 그냥 머물고 싶네
가는 세월에 끌려가는 내 인생 어디가
끝이던가?
쓸쓸한 내 인생 어디가 끝이든가?

푸름의 푸름이 어울려진 소원사 산사에서
붉고 푸른 단청에서 타들어가는 나의 영원의
나무야 인생이란 쓸쓸한 아름다움을
나 혼자 걸으며 그대 떠나고 나 또한 떠나면
함박산 정기 받은 소원사는 어디가 끝이든가?

황국黃菊의 빛남

황국黃菊 핀 꽃술위에
나비 한 마리 앉자
어둔 대지와
빈들을 적시는 나른한 저 가을비
누구를 위한 몸짓인가?

자취는 없는데
잃어버린 내 옥편의 머리맡에 사위어놓고
황국黃菊 한 송이
가만히 심어줄 양
무서리에 살아남은 이파리
시름의 무게에 겨워 황국黃菊의 빛남
여기서 멈추지 않았다

아침이 되자
스스로 몸을 낮추어
온 몸을 추스르고
쓰라린 지난날의 기억
낙관처럼 찍어
훗날 그게 황국黃菊의 외침으로 듣고
젊은 시절
그 눈부신 몸을 의식 했지

가을[秋]의 흰 국화菊花를 보며

순백의 그림자 위
벌 나비
제 집 드나들 듯
분주히 오고 다닐 때
밤은 깊어도
흰 국화
흰 부신 날을 불러 얹혀
청청한 하늘 바라보았다
향香은 만리萬里를 벗어나
당신의 순한 가슴을 파고들었다

유리같이 투명한 밤에 밀리고
불길 속을 건너오는
저 열악悅樂의 바다로
건너고 또 건너
내 가는 길에 잠겨 다오
마치 당신의 순수한 이름으로
쪽빛 하늘에 노을처럼
사랑이라 말 전해주오
오, 순색의 흰 국화菊花여
물기 머금은 채
세상을 비춰다오.

흘러가는 개울물

어제 밤 내리는 밤비에 불어난 개울물이
끝도 없는 계곡으로 하얗게 흘러가는 개울물
개울 따라 물 따라 내 인생 흘러가고
흘러가는 인생 속에 내 꿈은 사라지네

그대는
지난밤의 불어난 계곡물에 약속을 두고
만나기 위하여 떠나고 있는가?
모든 것 멀리 두고
그립고 보고 싶은 마음으로 달려왔더니

발길을 머뭇거리듯
하늘에 비 뿌리고
그대는
계곡 따라 개울물 따라
떠나가고 바위틈으로 쉼 없이
떠나고 있음이여!

칡덩굴 휘감듯
돌아간 나무아래
불되어 타고 있는 청춘의 나무야
바람만 가득한 인사를 두고
개울 물 따라 가버린 청춘아.

生命의 꽃 菊花

꽃은 차와 술로
이파리는 약재
뿌리하나에도 애증의 굴레
그 굴레를 절구 메고
생명의 꽃으로 조용히 살아온
국화여!

바람의 꽃으로
서리고 서린 햇살 받고
한줄기 빛의 아름다움으로 섰네

국화주菊花酒에는 도반道伴의 숨결 녹아나고
어둔 밤에도
모진 바람과 서리에도
지난 추억들을 삼킨 채
스스로의 열기 만들고

바람 부는 데로 적당히 자리 잡고
청춘의 애달픔도 노래했지
누군가를 기다린 듯
내 식지 않은 가슴 한편에 담아
자양自養한 믿음으로
평생 그 자리에서
고통의 잠을 기다린 生命의 꽃 菊花여……

함박산에 와서

돌에도 꽃이 피네
나무에도 꽃이 피네
흙에도 꽃이 피네
물에도 꽃이 피네!

꽃 속에 가지는 눕고
산과 하늘이 하나 되는 아침
하얀 바람에 눈꽃이 피고
하얀 바람에 풍경 꽃이 피고

떠난다는 바람에
아침 꽃이 핀다
바람 따라 눈이 내리고
포근하게 잠 깬 마음만이
눈 꽃으로 떠돈다.

제3부

自然속에 나[我]를 담아라

복福많은 이가 되어라

주는 복福도 가져라
받을 복福도 가져라
너무 웃는 복福도 버려라
너무 우는 복福도 버려라
바쁘게 경박한 복福 없는 사람도
되지 말거라.

천년 신비의 쓸쓸함을
눈으로 읽고 가는
복福 많은 사람이 되어라
천년 사모를 가슴으로 끓이는
복福 많은 여인이 되어라

머리 위에 푸른 나무가 자라고
그 위로 하늘이 있음을 아는
복福 많은 사람이 되어라

가을[秋] 山寺 1

코스모스 핀 한길을 떠나
山寺를 찾을 때
숱한 고해의 숲
저절로 사라졌다

저녁 예불 을 알리는 범종梵鐘
고양미 끓어오르는 내음
큰 법당의 목탁소리와 어울려
고즈넉한 도량구석에 내려앉았다

저 깊고 깊은 법륜法輪의 굴레
귀뚜라미 소리와 함께
적막한 時間을 만들고

내 가슴에 담긴
내면에 스며든
푸른 기억을 생각했고
모두 잠든 달빛 아래
화엄세계華嚴世界를 만든다

연화장蓮華藏은 따로 높고
이게 머 꼬?

란!
설두舌頭 한 번도 놓치지 않고
가슴 깊이 새겼다
옴도 없고 감도 없는데
어디에 몸을 맡길까?
감나무 끝가지에 달린 홍시
제 몸무게에 겨워 뚝! 내 발밑에 떨어진다.

가을[秋] 山寺 2

衆生의 業障 동구 메고
조용히 살아온 山寺
대웅전 주련柱聯에 붙은 경구

마하 대 법왕 摩河 大 法王
무단 역 무장 武短 歷 無長
본래 비 흑백 本來 非 黑白
위대하고 크신 법의 왕이여
길지도 않고 짧지도 않네
본래 검거나 흰 것이 아닌데
곳에 따라 푸르고[靑] 누른색[黃]을 나타내었다

풍경소리
다람쥐 쳇 바퀴 돌리듯
쉼 없이 멈추지 않았다
종루鐘樓에 울려 퍼지는 梵鐘 소리
시방 세계를 잠들게 하듯
虛空을 휘젓고

그게 진리眞理의 법맥法脈을 이어
자유. 평등.

우리들의 애증의 굴레까지 넘어
어둔 세상 밝히고 밝혔다

가을[秋] 山寺 3

작년 이맘때 쯤
때 아닌 가을비가 3일간 내리더니
뒷산이 무너져 애써 쌓아 놓은
조경석이 내려앉았다

보이는 곳이나
보이지 않는 곳
금구金口는 살아
업장소멸業障所滅을 말하고
당신이 지닌
무명도 죄다 사려 내었다

알 수 없는 세상사
팔만 사천의 법문
더 큰 하늘을 이고 끝까지 전승 되었다

산사 가는 길
바람에 씻긴 미륵바위
가을 단풍이 내려
삶의 한 부분을 자비로 채웠다

가을 햇살 대청마루에 잠길 때
공안公案도 함께 들어와 누웠다
방하착放下着하라는 선운사의 외침 뒤로하고
홀로 앉아 저 소나무를 보는
가을 산사의 대광大光이
온 세상에 빛을 남기구나.

시원한 목욕

새하얀 샘솟는 물에
人間의 더위가 갈증을 느낀다
초록 잔솔 등성이
하늘 조금 보이고
그 속에 담그고 싶다

내 더위를 그 속에 담그고 싶다
마음에 갈증을
소원사 샘솟는 물에
발을 담그고
나물밥 비빔밥에 상추쌈을
싸든 절 사람들……

집으로 가는 길에
해운대 앞바다에
몸을 담근다
海雲臺 앞바다에
마음을 담근다
해운대 앞바다에 내모든
영원을 담근다.

그대 떠남에

그대는 떠났다
다시 모이는 것은 윤회의 길목에서
山寺에서 만나고
山寺에서 떠나는
山 사람들아……

그대 떠남에도 기다리는
山 사람이 있다네
떠나가는 그 마음이
기다리는 그 마음을
언제나 알아주라
山寺에서 만나
이웃하는 빗소리로 들리고
냇물을 지나 바다로 흘러
먼 하늘 가로 떠나는 사람아……

보라색 등꽃이 줄줄이 열리고
바람은 바다를 더욱 푸르러 갈 때
그대 가슴 출렁 이었음에도
알았지마는 어쩌랴 그대여……

감나무

감나무 높은 가지 서쪽으로 기울어질 때
까치밥으로 남겨둔
서리 맞은 홍시 속에는
우주가 하나 담겨있었다

감 향은 달아나고
마음엔 옛 시절을 돌이켜보는데
자취 없는 바람
시름의 무지개와 함께
가을비와
꽃잎 지는 소리에 파묻혀
한 떨기 국화와 길을 내었다

빈들에는 색 바랜 풀잎들
일제히 생가슴을 파고들고
그대 걸어온 길 없는 길을 오늘도
되돌릴 수 없었다

감나무는 어두운 생을 닫고
하루 종일 어둔 맘으로 살았다
보이는 것이나
보이지 않아도

감꽃 보여주는 봄날을 생각하고
먼 하늘을 이고
슬픈 기억만 되 내었지
감나무는 지금도 그 자리에서
귀[耳] 바람으로 전해들은
세상사
냇가에 물소리인 냥
달맞이 꽃처럼 흐트러져서
밤이 오고
잔별이 박혀도
서걱이는 바람소리와 어둠
별 생각 없이 받아 들였고

손수건만한 저녁햇살에도
푸른 속만 내어놓고
까치오기만 기다린다.

산사를 품은 함박산含博山

햇살 빗어낸 속속들이 젖은
함박산 소원사의 그윽한 밤
함박산은 나를 보자 와락 숨 막히게
나를 부처님 품안으로 숨 막히게 안았다

풀숲을 난 길은 굽어 있었고
쪼로롱 들꽃들이 키를 세우고
함박산 산바람이 나를 큰 법당에 들여놓고
문을 잠갔다
아!
황홀한 소원사의 숲들이여 사각이여
바람파도를 부르네
잎잎이 일파만파
물안개도 숲으로 스미어 젖은
밤나무와 기암과 풍경소리 산 숲이 날 납치했나?
발정한 숲 냄새에 내가 바람이 났나?
세상이 돌 던져도 산사山寺의 품속에서
아!
이 밤에 몸 풀리라!
아!
님 같고 백옥 같은 함박 산 소원사야…

산책

새벽이슬 찬바람 한 아름 안고
콧노래 도반삼아
숲속 오솔길을 가슴당당 어깨당당
새벽 향기 찬이슬 한아름 마시고

걷노라면
세상은 내 발아래로 온다
후덥지한 여름날
어느 변두리 산길에서 조차

자연의 생명은
실 바람타고 이산에서 저산으로
만고 사냥 다하고요

머릿속에
찬 이슬처럼 내려진
한줄 의 시詩를 잡기위해
산길을 나서면

고요한 적막감 깨는
산사의 풍경 소리……

좋아한다(사랑한다) 1

그립다
보고 싶다
이름 없는 여자 가수야!
너는 불렀다
내 마음을 불렀다
사랑한다. 사랑한다. 사랑한다.
내 여자야
사랑한다
내 여자야

보고 싶다.
이름 없는 여자 가수야
너보다 못난 가수도 이름은
있는데 너의 이름 어디 갔나
이름 없는 여자 가수야

좋아한다. 좋아한다.
이 세상 모두가
좋아한다
사랑한다
이름 없는 여자 가수야

세상은 너를 몰라도
너는
불러라. 불러라.
이름 없는 여자가수야!
좋아한다
사랑한다
이름 없는 여자가수야

좋아한다(사랑한다) 2

그립 구나 보고 싶다
이름 없는 여자 가수야
내 마음 흩어놓고 떠나간
이름 없는 여자 가수야

좋아 한다. 사랑한다.
이름 없는 여자 가수야
꿈속에서 만났든가?
그 어디서 만났든가요.
이름 없는 여자 가수야!

세상은 너를 몰라도
너는 불러라. 불러라.
이름 없는 여자 가수야.

새벽에 내리는 창밖에 비

내린다
오늘도 내린다
주룩 주룩 창밖에 새벽비가
내린다

새벽에 내리는 창밖에 비는
내 마음을 타고 내린다
내 육신을 꽉 눌리면서 내린다

망설여진다 무엇부터 할까?
창밖에 내리는 비가 내 마음을
잡는구나

아침도 멀고 소중한
마음밖에 창밖의 비처럼
나의 시詩도 함께 내리고
살며시 눈감으면
가득히 웃음하고
너는 내 마음 안에 자리하네

연인보다 더욱 어질었던 먼 훗날의
하나 뿐인 나의 친구 태희야!

조용하고 차분한 첫 새벽에

편지 같은 시詩를 창밖에 내리는
빗물에 실어 너한테 보낸다
이 세상에 하나밖에 없는 내 친구 태희야!!

딸이 좋더라

몸이 아팠다
병원에 홀로 누워 기다린다
그리고 또 기다린다
오고가는 병문안 손님들
모두가 좋구나
모두가 고맙구나

그 중에 딸이 주고 간 이십 만원
입맛이 없어
딸이 주고 간 돈으로
밥을 먹는다

아귀찜에 밥 한 그릇
시원한 대구탕에 밥 한 그릇
감기에 복국 한 그릇에 밥 한 그릇
먹고 또 먹고 아무리 먹어도
칠만 원이 남는구나!

아들놈들 있다 해도 입맛 없는
내 마음은 모르고
의사 말만 들으라 하네.

아들은 든든하더라

그저껜 바람으로 날라드니
어제는 강물이 되어 흐르고
오늘은 불이 되어 타고 오르는
아들을 쳐다만 봐도 든든하더라

창밖에는 수많은 일손들이
나만 바라보고 기다리네
큰비 큰바람 한바탕 불고 나니
두 팔 걷고 내 앞에 나서는
내 아들이 든든하더라

몸이 아파 누웠네
나이 많아 누웠네
누운 자리 내려 보는
내 아들들이 든든하네

세월 따라 저만치 가버리고
단풍잎처럼 변해가는 내 모습 곁에
샘물 솟듯 넘쳐나는
내 아들이 든든하네.

촛불

법당法堂에 불을 밝혀라
마음에 등불燈火도 함께 밝혀라
이 세상 모두가 어두움 뿐이구나
불을 밝혀라

자비가 눈을 뜬다
지혜도 눈을 뜬다
업장이 벗어난다
업보도 벗어난다

법당에 밝힌 촛불
자비를 열고
가정에 밝힌 촛불
화목을 열고
배움에 밝힌 촛불
지식을 연다
세월이 흙바람 비구름인지
새옹의 말[馬]만 왔다 가고
창밖으로 옮겨진 귀를
가슴 속에 촛불을 밝혀라.

텅빈 허공에 마음을 담고

유심정토有心定土
그곳에 유마의 설법
살아서 숨쉬고
언젠가 하면서
닿지 못하였으니

이제 텅 빈 허공에 마음을 담고
한평생 나를 위해서
내 살아갈 일체의 마음
그게 근본이 되어
홀로 세상을 여는 공안公案
번뇌도 끊고 고요히 비치는 달빛을 좇아
선정禪定을 얻는 것

지혜는 저 만치서 목침을 깔고
생사生死를 떠난 자리 마음으로
미래를 보고
고요하면서 크게 비추는 아주 아름다운
연화蓮花는 연화蓮花로 누웠다
태양의 밝음이 너무나
무지 무지 하여서
선어禪語를 말해도 알아듣지 못하고
청 테 낀 구름
한 겹 씩 벗겨 나가네.

정신 좀 차려라!

탐심에서 벗어나라

잠든 자와 병든 자와
길을 잃고 헤매는 자
많고 많은 벗님네 와
배가 고파 우는 자와
돈이 없어 제 분수도
모르고서……

사리사욕 탐심에서
벗어나지 못하고서
어둠속에 덥혀있는
저 중생들

어서 빨리 정신 차려
어서 빨리 공덕 닦아
부처님 전 고할 적에
어리석은 저 중생들
지금에야 정신 차려
해탈 길로 들어가세

참회심을 길러라

하루아침 일확천금
노리는 자
불보살님 이 벌을 주고
게을러서 시기 놓쳐
자기할일 못해놓고
세월원망 부모원망
하는 자와
계획 없이 사는 살림
남과 같이 못산 다고
부부 원망 하는 자는
지금 부터 정신 차려
참회 심을 길러 보면
가정 성불 인간 성불
남안 주고 내가 받네
어서 빨리 그리 알고
정신부터 차려보세.

시비 싸움 붙이지 마라(말조심)

두 사람만 모이면은
자기 자신 망각하고
남의 말을 밥 먹듯이
하는 자와!

남의 약점 노리고서
약한 사람 비웃는 자
동냥은 못줄 바에

쪽박부터 깨는 자와
이리 저리 말을 옮겨
시비싸움 붙이는 자
어서 빨리 정신 차려
인간제일 되어보세!

가정은 지켜라

처자식을 다 버리고
이리저리 방황하며

주. 색. 탐심 내는 자가
자기자리 모르고서
노후에야 깨닫고서
신세한탄 하는 자와

요조숙녀 꿈을 꾸며
공주병을 못 고치고
남편 잃고 자식 잃고
가정파탄 다 내놓고
세월 흘러 늙어지니
눈먼 새도 보지 않네

그때서야 정신 차려
사방을 둘러보니
홀로 앉자 탄식하네
젊어서 모은 제물
이리저리 다 날리고
올 때 갈 때 없는 신세
그 신세가 처량하네

지옥이 따로 있나
이것이 지옥이네
어리석은 중생들아
어서 빨리 정신 차려
인간답게 살아보세.

방황 속에서 벗어나라

자기 잘못으로 하는 사업
잘 안되어 시련 속에
빠졌을 때

주위 지인 인연법을
원망하고 남의 탓을
일삼으며

팔자한탄 신세타령
한 잔술에 의지하고
책임회피 하는 자는
이 세상에 제일가는
낙오자라 하였거늘

지금부터 정신 차려
잘못된 일 찾아내어
참회반성 하온 뒤에
두 번 다시 이런 실수
하지 말고 부처님 전
빌고 빌어 다시 한 번
새 출발을 하여보세
만복福이 돌아오네
이것 또한 해탈이네

자식 농사 잘 지어라

천지지간 만물중에
인간 몸 받아 이 세상에
태어나 한평생 살고 갈 때
농사 한 번 잘 지어야
배고플 때 밥을 먹고!

농사 중에 어떤 농사 제일일까?
자식농사 제일인데
부부만나 살아가며
제일가는 자식 농사
으뜸이라 생각하고
지금부터 정신 차려
농사 한 번 잘 지어서
평생후회 하지 말고
해탈 속에 살아가면
부처님도 웃음 짓네.
씨앗은 뿌린 데로 싹이 트고
가꾼 데로 열매 맺네!

가문에 먹칠하지마라

가정가문 조상님에
성명 삼자 더럽히고
부모형제 원망하고
갈팡질팡 하는 자와

부모재산 탐욕해서
형제간에 동기간에
혈육인연 끊는 자와
못난 부모 만났다고
남부끄러워 하는 자와
공부에도 때가 있어
그때를 다 놓치고

좋은 취업 안 된다고
세상원망 하는 자와
지금부터 정신 차려
잘못된 일 깨닫고서
마음으로 참회하고
잘못된 일 걸러내면
이른 중생 불쌍하다
생각하고
참회하는 그날부터
밝은 내일 찾아오네

수 필

혼란한 시기에 생각해 보는 보살의 삶

5월은 참으로 거룩하고 아름다운 계절이다.

신록이 우거지고 아름다운 꽃들이 만발하여 아름답기도 하고, 사람들이 가볍고 화사한 옷으로 갈아입어 아름다우며, 무엇보다 자비하신 부처님께서 사바세계 중생들을 위해 출현하신 날이 있는 달이라 아름답게 느껴진다.

따라서 해마다 오월이 오면 마음속에 한없이 감로의 법비가 내리고 법향이 온 누리를 휘감고 있는 듯해 이렇게 좋은 계절에 더욱 좋은 인연을 지어 나가야겠다는 생각을 하게 된다.

그러나 어느 때인가 부터 아름다운 계절이 되어도 마음이 무겁고 착잡한 심경이 들곤 한다.

왜냐하면 몇 년 전부터 온 나라가 재앙이 들기 시작하여 그칠 줄을 모른다.

바다에서 나라를 지키는 젊은 아들들이 수장을 하듯이 적들의 덫에 걸려 아까운 생죽음을 당하는 2010년 3월 26일 일어난 천안함 사건, 그리고 2008년 2월 11일 나라의 보배요 국보문화재인 숭래문(남대문) 화제사건, 또 지난 2014년 4월 16일 수백 명의 목숨을 (수장) 앗아간 세월호사건, 연일 일어나는 사건 속 비와 바람이 너무 불어 홍수의 재앙 속에 또한, 비가 너무 안와 가뭄에 농민들의 가슴이 바짝바짝 타들어가고 소양강이 말라 속살까지 타들어 내고, 이렇게 한꺼번에 휘몰아치는 회오리바람 속에 단 한 사람의 실수로 온 국민들의 경제를 마비시키는 메르스, 전 세계에서도 감당하기 힘든 역 돌림병 메르스 때문에 계절마다 우리나라를 찾는 관광객 약 10만 이상의 발길을 돌리게 하고 각 산업, 문화 수출, 수입을 다 막아버릴 정도로 심하게 재앙이 들어, 온 국민이 함께 한 마음으로 꽁꽁 합쳐도 살아날까 말까 하는 판국에 이 나라를 움켜쥐고 있는 대통령과 국회 여당과 야당, 해도 해도 너무한다.

나라와 국민을 생각하고 정치를 하는지 당리 당락을 위한 정치인지 탐독에서 벗어나지 못하고 국민 전체의 경제 살림이 너무나 어려운 실정에 놓여있는 상태다.

본인은 산문으로 출가할 때는 중생으로 구제하는 보살로 수행을 허위없는 깨달음을 얻겠다는 결의가 굳었건만 갈수록 수행의 어려움이 느껴진다.

구제해야 할 중생이 너무 많아 힘겹다는 생각도 있지만 그보다는 업연의 고리가 날마다 깜짝 놀랄 고행의 길을 만들고 있다는 점이 더욱 힘들게 하고 있다.

부처님은 생명 존엄성을 선언하시고 특히 인간이 인간답게 살아야 할 권리가 왜 존중되어야 하는가를 증명해주신 분이다.

이는 언제나 인간들이 잘못된 생활 방식으로 살아가고 있는 것을 경책하시는 것이라 할 수 있다.

사람들은 보다 잘 살기 위해 노력하고 있다고 하지만 늘 인과에 얽메인 탓에 질곡과 파멸의 굴레에서 벗어나지 못하고 있다.

우리나라의 현실만 그런 것이 아니다.

평등과 평화를 구현해야 한다는 목소리를 높이지만 산업화에 따른 변화의 시대에 인류는 정작 평등과는 무관한 듯 개인적 이익에 더 관심 있어 보인다.

있는 자, 힘 있는 자에게서 받는 위기와 공포로 새로운 계층이 생기고 번영과 부강이라는 논리 속에서 평화는 형식적이 아닌가 하는 생각도 든다.

현대인들의 사상이 그 사회와 국가의 미래를 결정한다.

자본이 최우선이라는 가치관과 사회현상은 국민성과 민족성마저 말살하고 있는 실정이다.

그러므로 지금 우리가 정신을 바로 이끌어 갈 수 있도록 현재의 모습을 제대로 바르게 정립하지 않으면 안 된다.

현재 지구의 인구는 약 60억 명 선에 이른다.

아직도 인종별로 불평등한 대우가 따르고 있다는 것은 따지지 않더라도 인류 모두가 잘살 수 있는 길을 인간 스스로가 만들고 있는가를 생각해 볼 때 아직도 그렇지 못하다는 것을 알 수 있다.

즉 지구촌 인구 전체의 3분의 1이 넘는 20억 명에게 수돗물이 제대로 공급되고 있지 않다고 한다.

다이어트니 신바람 건강법이니 하는 것이 새 물결 처럼 출렁여도 지구촌의 7억 7천만 명 이상이 영양부족에 시달리고 매년 1천 4백만 명이나 되는 어린이가 질병으로 고통을 받고 있다고 한다.

그런데도 인구는 계속 늘어나고 있다.

매년 1억명 가까이 인구가 늘고 있다는 것은 더 많은 문제점이 표출된다는 것을 의미하고 있다.

왜냐하면 인구증가만큼 평등하고 평화로운 삶이 구현되는 것이 아니라 공해와 각종 질병, 실업난 등으로 사람이 사람답게 살 수 있는 기회와 여건은 환경 조성이 이루어 지지 않는다는 것을 의미하기 때문이다.

경제의 원리로 따지면 공업지대의 난립으로 인해 절대농지가 감소되고 희생 될 수밖에 없다.

또한 도시화로 인하여 교통문제, 빈민가, 청소년문제, 범죄문제가 확대되고 있다.

공업화 산업화로 인하여 지구환경이 파괴되고 오히려 인간을 잘살

게 하는 계획이 아니라 인간의 생존과 존엄성마저 위협받게 되었다.

중생들이 알게 모르게 지어온 악연의 뿌리가 얼마나 깊고 단단하기에 갈수록 세상이 불타고 있는 것일까?

이럴수록 우리 국민 모두는 아니 불자이라도 인류 모두를 위하는 마음으로 많은 것을 생각하고 정리할 때가 왔다고 할 수 있다.

국민을 위한 정치가 실현되고 국가경제를 위한 산업경영이 실현된다면 일련의 이러한 현상은 다소의 부작용과 진통이 있다 하더라도 국민들의 의식경향에는 많은 도움이 되리라고 생각한다.

그러므로 오늘의 사회, 국가가 처한 어려움은 대승적인 차원에서 해결되어져야 한다.

불교 최고의 가르침은 자비사상이다.

불교에는 모든 생명과 인권을 존중하는 동체대비의 사상이 있으며, 자비현실이 구체적 실체사항으로 나타나 있다.

이를 다시 말하면 불교는 인본사상이요, 생명존중의 사상이다. 죽이지 않는 것만이 아니라 해를 입히지 않는 것까지 계율로서 정해 놓은 것은 생명이 가장 소중한 것이기 때문이다.

따라서 불자들부터 우리가 처해있는 문제들을 풀기 위해 지혜를 모아야 한다.

바로 개인의 이익만 생각하는 정치, 경제관이 아니라 너와 내가 하나라는 同體大悲동체대비의 보살정신이 바로 이 시대에 가장 절실하게 요청되고 있는 정신이라 하겠다.

왜냐하면 보살정신의 실현 없이는 진정한 의미에서 화합과 발전이 불가능하기 때문이다.

부처님 당신의 인도 땅은 심한 신분 차별이 있었다는 것은 생명의 평등한 존엄성이 인정되지 않았다는 것이다.

지금 이시대도 온갖 차별이 존재하고 있다.

성차별, 빈부의 차, 인종적, 종교적 편견 등으로 서로가 서로를 질투하고 투쟁하듯 살고 있다.

그러므로 일시적인 방편으로 문제를 해결하고자 한다면 악순환은 거듭될 뿐이다.

오로지 크나큰 대비심大悲心 자리이타自利利他의 실행만이 오늘날의 문제를 해결하면서 바람직한 미래를 건설해 나갈 수 있는 것이다.

「화엄경」, 「십회향품」에 이러한 말씀이 있다.

"나는 모든 중생의 집이 되리라: 그들의 고뇌를 없애주기 위해서."

"나는 모든 중생의 수호신이 되리라: 그들의 번뇌를 끊어 해탈케 하기 위해서 이니라."

"나는 모든 중생의 귀의처가 되리라: 그들이 모든 공포로 부터 벗어 날수 있도록 하리라."

"나는 모든 중생의 안락처가 되리라: 그들이 구경의 안락을 얻을 수 있도록 하리라."

"나는 모든 중생의 광명이 되리라: 그들이 지혜의 빛을 얻어 무명의 어둠을 없앨 수 있도록 하리라."

"나는 모든 생명의 길잡이가 되리라: 그들에게 걸림 없는 큰 지혜를 주기 위해서니라."

이 말씀을 통하여 부처님께서 이 땅에 오심은 바로 중생고통의 현상에 동참하시어 고행을 통해 덕행을 쌓아가는 것이 끝내는 중생을 위한 것이요. 중생 모두를 미래의 부처를 이루게 하는 길이었음을 알 수 있다.

다시 한 번, 이 시대의 난관은 적극적으로 보살행을 이루는데서 극복된다는 것을 명심해야 할 것이다.

나의 행복을 찾아서

인간은 누구나 자기가 바라는 바가 성취되기를 기원하며 행복 추구를 최대 이상으로 삼으며 살아가고 있다.

무엇이 행복이고 어떻게 생겼느냐는 물음에 형태를 들어 내놓을 수는 없으나 분명 행복은 있는 것이라고 믿기 때문에 유사 이래로 인간은 이를 잡으러 온 생애를 바친다.

행복 추구의 최선의 방법에 대해 길을 제시한 것이 종교이며 철학이다.

갖가지 종교의 교리마다 개개철학자의 학설마다 공통 상이점이 있겠지만 불교는 지극히 인간적인 입장이다.

불교의 삼보三寶인 불佛. 법法. 승僧 은 누구든 본래의 마음자리만 깨달으면 이룰 수 있는 경지로 모든 인간을 불성을 가진 평등함을 원칙으로 삼고 있다.

부처님은 "최상의 행복"을 뭐라고 정의 하셨을까?

첫째: 미련한 자를 가까이 말고 지혜 있는 이를 존경하며 바로 배우는 것이다.

둘째: 좋은 환경을 얻기 위하여 항상 착한 일로 올바르게 사는 것이다.

셋째: 학문과 기술을 항상 배우며 바른 말을 하는 것이다.

넷째: 부모에게 효도하고 부부는 서로를 공경하고 자식을 사랑하고 부양하며 남을 괴롭히지 않는 직업을 가지고 사는 것이다.

다섯째: 이타利他정신과 바른 생활로 가족에 대한 책임을 이해하며 자기의무를 완수 할 줄 아는 것이다.

여섯째: 악한 행위는 하지 말고 과음을 말며 품행을 단정하게 하여 사는 것이다.

일곱째: 항상 경건한 자세와 감사하는 정신으로 법문을 바르게 듣는 것이다.

여덟째: 온전하며 청정한 정신으로 선지식을 가까이하여 때를 맞추어 법문 요지를 토론하는 것이다.

아홉째: 과오 없는 생활자세로 사성제四聖啼를 닦아서 열반을 증득하는 것이다.

열번째: 갖가지 속된 일에 구애받지 말고 즐겁거나 슬픈 일을 보면 따라서 마음의 중심을 잃지 말며 항상 마음에 불안이 없게 할뿐만 아니라 남을 이롭게 하는 선행을 하는 것.

그것이 최상의 행복이다.

이상으로 결국 부처님은 최상의 행복이란 환상적 이론으로 이루어지는 것이 아니라 스스로의 일상 행동이 빚어내는 평범한 실천임을 가르치셨다.

족함을 아는 것이 부富 라고 했다.

우리 다 같이 최상의 행복이든지 자기 구제이든지 중생교화든지 말로만 할 것이 아니라 실천으로 모범을 보일 때가 바로 진주알 같은 인생사가 될 것이다.

석대광(문진열) 제2시집
텅 빈 허공에 마음을 담고

인쇄일: 2015년 8월 10일
발행일: 2015년 8월 15일

지은이: 석대광(문진열)
펴낸이: 최경식
펴낸곳: 도서출판 청옥문학사
인쇄처: 세종문화사

등록번호 제10-11-05호
전화: 051-517-6068
E-mail: kyu500@hanmail.net

ISBN 978-89-97805-334-03810
값 8,000원